DISCOURS

A L'OCCASION

DE LA CINQUANTIÈME ANNÉE DE PRÊTRISE

DE

M. L'ABBÉ JACQUEL,

CURÉ DE CEMBOING,

PRONONCÉ LE 5 JUILLET 1875,

PAR

M. L'ABBÉ DE BEAUSÉJOUR,

CURÉ DE VITREY.

BESANÇON,

IMPRIMERIE ET LITHOGRAPHIE DE J. JACQUIN,

Grande-Rue, 14, à la Vieille-Intendance.

1875.

DISCOURS

A L'OCCASION

DE LA CINQUANTIÈME ANNÉE DE PRÊTRISE

DE

M. L'ABBÉ JACQUEL,

CURÉ DE CEMBOING,

PRONONCÉ LE 5 JUILLET 1875,

PAR

M. L'ABBÉ DE BEAUSÉJOUR,

CURÉ DE VITREY.

BESANÇON,

IMPRIMERIE ET LITHOGRAPHIE DE J. JACQUIN.

Grande-Rue, 14, à la Vieille-Intendance.

1875.

Le lundi 5 juillet 1875, le village de Cemboing célébrait, selon l'expression bien connue, *les noces d'or* de M. l'abbé Jacquel, curé de la paroisse. La veille, les cloches avaient annoncé le grand jour, et le lendemain, dès l'aurore, elles avaient fait entendre leurs joyeux carillons. Le soleil s'était levé radieux et semblait s'associer aux sentiments de tous. On entendait dire à chaque pas : *C'est aujourd'hui la fête de notre bon curé ;* c'était aussi la fête de chaque famille. Les travaux des champs avaient été suspendus ; chaque maison s'empressait de recevoir les nombreux étrangers ; les jeunes garçons et les jeunes filles, vêtus de leurs plus beaux habits, sillonnaient les rues se rendant à l'église. A l'animation qui régnait dans le village, à l'empressement de tous pour accueillir leurs hôtes, à la gaieté franche et douce empreinte sur tous les fronts, on jugeait bien vite combien cette manifestation était spontanée et populaire.

A dix heures, commença la cérémonie religieuse. L'église, trop vaste d'ordinaire, ne pouvait contenir la foule ; tout y avait cependant été préparé avec beaucoup d'ordre : des places avaient été réservées aux confréries de la paroisse, aux étrangers et aux amis des familles, aux religieuses des villages voisins, aux prêtres des environs. M. l'abbé Jacquel, accompagné de M. Girardot, curé de Jussey, et de M. Deschamps, curé d'Autrey, qui remplissaient les fonctions de diacre et de sous-diacre, chanta solennellement la messe, à laquelle répondirent quarante prêtres rangés dans les stalles du chœur. Après l'évangile, M. l'abbé de Beauséjour monta en chaire et prononça le discours dont nous donnons le texte. Le saint sacrifice s'acheva au milieu du recueillement général, et lorsque, avant de quitter l'autel, le célébrant eut entonné le *Te Deum*, cette prière d'actions de grâces s'échappa de toutes les poitrines émues, chacun remerciait le ciel d'avoir assisté à cette belle cérémonie et d'avoir goûté ces douces et salutaires impressions que font toujours naître au fond de l'âme les fêtes de l'Eglise.

Honneur au vénérable curé qui sut ainsi se faire chérir ; honneur à la paroisse qui voulut donner des marques si éclatantes d'affection et de respect à son digne pasteur. Cette cérémonie demeurera pour tous un agréable souvenir et un touchant exemple.

Dabo vobis pastores juxta cor meum, et pascent vos scientiâ et doctrinâ.

Je vous donnerai des pasteurs selon mon cœur, qui vous nourriront de la doctrine et de la science du salut.

(*Jérémie,* III, 15.)

Mes Frères,

Une voix éloquente, et particulièrement chère à la Franche-Comté, devait se faire entendre aujourd'hui dans cette enceinte, et relever par son éclat la cérémonie qui nous rassemble ; des nécessités imprévues empêchant M. le chanoine Besson [1] de se trouver au milieu de nous, j'ai dû céder aux instances de votre vénéré pasteur et prendre moi-même la parole. A défaut de l'autorité que donnent le talent, l'âge, une longue expérience, je vous apporte du moins le tribut de ma bonne volonté, et je vous demande en retour une indulgence et une bienveillance que les circonstances imposent d'elles-mêmes, et que vous inspireront du reste votre piété et le respect avec lequel vous avez coutume d'entendre la parole de Dieu.

Pourquoi, mes frères, sommes-nous ici réunis ? Pourquoi, dès l'aurore, les cloches ont-elles fait entendre leurs accents des grands jours ? Pourquoi votre

[1] Aujourd'hui évêque de Nîmes.

église s'est-elle revêtue de ses ornements les plus brillants et parée de ses fleurs les plus fraîches? Pourquoi ces voûtes ont-elles retenti de chants inaccoutumés? Pourquoi quarante prêtres, dont plusieurs sont venus des extrémités du diocèse, se serrent-ils aux côtés de votre vénéré pasteur, formant autour de lui comme une couronne d'amis? Pourquoi vous-mêmes, quittant vos travaux, vous groupez-vous au pied de cet autel que vos mains ont orné? Est-ce pour témoigner, par un acte solennel, de votre respect pour ce prêtre à cheveux blancs qui vous vit grandir sous ses yeux, et à qui vous devez à si juste titre le nom de père? Est-ce pour exprimer votre reconnaissance à l'ami sincère qui fut heureux de vous rendre autant de services que le lui permirent son autorité et son crédit? Est-ce pour honorer le caractère droit, l'âme forte, la parole sans fard de celui qui sut toujours vous dire la vérité? Est-ce, en un mot, pour saluer des vertus naturelles et sociales, reconnaître des services rendus, honorer un noble caractère? Oui, mes frères, sans doute nous pouvons interpréter en ce sens votre attitude et votre démarche ; mais nous borner à ce point de vue serait trop amoindrir la portée de l'acte que vous venez accomplir ; j'en prends à témoin vos cœurs de chrétiens, vous venez surtout honorer le sacerdoce, et dans ce prêtre, que vous avez vu pendant cinquante années vivre au milieu de vous sans se démentir jamais, vous venez, et avec raison, en saluer un des plus complets modèles.

Qu'est-ce donc que le prêtre? Les Pères répondent : C'est un autre Jésus-Christ: *sacerdos alter Christus*. Or

Jésus-Christ se révèle à nous par ces trois grandes affections de son cœur : l'amour de la vérité, l'amour de la croix, l'amour des âmes. Ce sont donc les trois affections qui doivent animer tout cœur sacerdotal. Ce sont elles aussi qui ont fait de votre digne pasteur un prêtre béni du ciel et chéri de ses enfants.

1. Jésus-Christ, mes frères, a aimé la vérité, mais il l'a aimée pour nous la communiquer. L'homme, sans doute, a le désir d'atteindre et de posséder toutes les vérités, mais il en est qu'il lui importe surtout de connaître : ce sont celles dont l'ensemble constitue la vérité religieuse. Avant toute autre préoccupation, nous voulons savoir d'où nous venons, où nous allons, qui nous sommes. Nous voulons savoir si notre race n'a d'autre ancêtre que l'animal sans raison, ou bien si le premier homme sortit complet et vivant des mains de son Dieu. Nous voulons savoir si la terre est notre unique et passagère demeure, ou bien si nous avons une autre cité permanente qui nous attend. Nous voulons savoir si nous sommes les jouets d'une illusion quand nos facultés nous révèlent l'infini et s'attachent à l'invisible, ou bien si nous pouvons dès ici-bas, quoique au milieu des voiles de la foi, vivre de la vie de ce Dieu qui nous a faits. Or c'est la solution de tous ces problèmes que Jésus-Christ est venu apporter à la terre. Cette vérité, inconnue, oubliée ou défigurée avant lui, il l'a prêchée au monde dans le cours de sa vie mortelle ; mais, lorsqu'il fut remonté dans les cieux pour s'asseoir à la droite de son père, cette vérité, fille du ciel, demeura parmi

nous, elle s'incarna dans un livre qui est entouré du respect des siècles et de la vénération des fidèles, elle se perpétua dans les traditions des apôtres et dans les écrits des Pères, et ce dépôt sacré a été confié aux soins vigilants d'une gardienne inviolable, l'Eglise, qui le conserve avec un soin jaloux, et qui le remet à ses prêtres au jour de leur ordination, en leur rappelant l'affection du Sauveur pour cette doctrine sacrée.

A l'exemple de Jésus-Christ, le prêtre devra donc connaître, aimer et enseigner cette vérité sainte. Quelque attrait qu'aient les sciences profanes, quelque désir que nous ressentions de pénétrer les secrets de la nature, de nous emparer de cette royauté de l'esprit sur la matière, la science que nous devons cultiver surtout, c'est celle dont parlait l'Apôtre quand il disait : « Je ne sais qu'une chose, Jésus-Christ et Jésus-Christ crucifié; » celle que le Sauveur envoyait ses apôtres prêcher partout : la science de la foi, la science du baptême. Le prêtre doit non-seulement l'étudier, mais il doit l'aimer; c'est son devoir, je dirai plus, ce doit être sa passion : l'Evangile, c'est son domaine, son trésor, c'est là que doit être son cœur, et je ne m'étonne pas que l'Eglise primitive, se rappelant l'amour de Jésus-Christ pour sa doctrine, n'ait pas cru devoir moins faire à l'égard du livre des Evangiles que de le conserver dans le tabernacle, à côté de l'Eucharistie, afin de vénérer ainsi, sous une enveloppe extérieure, la vérité voilée et cachée aux regards, comme elle adore le Dieu trois fois saint sous les apparences eucharistiques. Aimer cette vérité, c'est presque déjà la répandre, puisque la bouche parle de l'abondance du cœur. Parlez, nous dit l'Apôtre, à temps et à contre-temps, pressez, importunez même, les droits de la vérité ne sauraient transiger avec les faiblesses et les caprices des âmes; proportionnez vos paroles et vos discours à l'état de vos auditeurs; si cette doctrine est difficile à entendre pour les esprits lents et faibles, n'avez-vous pas les comparaisons faciles qu'employait le Sauveur lui-même? L'oiseau du ciel, qui trouve sa nourriture sans la produire, montrera la confiance que nous devons avoir en la Providence, nous qui sommes plus que les passereaux; le lis, qui ne sait ni filer ni tisser, et qui est revêtu de si riches habits, rappellera les bontés du Seigneur à l'égard de ses créatures; la vigne, dont Jésus est la tige et dont nous sommes les branches, indiquera l'union intime qui doit exister entre nos âmes et le Dieu qui est leur vie. Aux uns les paraboles, aux autres le langage de l'école, à tous la vérité de Jésus-Christ, qui est le salut de tous : *Ego sum via, et veritas, et vita* (1).

Je parle du prêtre tel que le veut l'Eglise, et c'est déjà un portrait que je trace, et ce portrait vous semble si fidèle que vous désignez sans peine celui que je veux peindre. Vous savez, en effet, mes frères, avec quelle sainte opiniâtreté votre digne pasteur s'est pénétré, dans la retraite, de cette doctrine sainte; comment il a su partager son temps entre la prière et l'étude et vivifier l'une par l'autre. Aussi, chaque dimanche, n'était-ce pas une fête pour tous de venir

---

(1) *Joann.*, XIV, 6.

entendre cette parole où la solidité de la pensée se cachait sous les charmes d'une simplicité pleine de distinction ? Qui de vous n'a présentes à la mémoire ces instructions familières dont il a nourri votre enfance, ces catéchismes où vous avez puisé les premiers éléments de notre sainte religion ? Et puis, comme si votre paroisse ne suffisait pas à son zèle, comptez les paroisses voisines qui ont recueilli ses enseignements, dans des retraites, des jubilés, des missions, dont les fruits demeurent encore. Oui, c'est un hommage public que nous pouvons lui rendre aujourd'hui. Nous, ses confrères et ses amis, nous dirons que c'est son honneur d'avoir passé sa vie dans la méditation sainte de cette doctrine ; Dieu et les anges lui rendront témoignage que son cœur y a été attaché comme à l'objet le plus constant de ses affections ; et votre esprit chrétien, si religieusement conservé, proclamera assez haut que, pendant les longues années de son ministère au milieu de vous, il n'a pas retenu la vérité captive.

II. Jésus-Christ a aimé la croix, et il a voulu nous la faire aimer. Le monde allait aux abîmes ; des excès sans nom l'entraînaient à une ruine fatale. Jésus-Christ vint, et, de sa main divine, relevant cette humanité coupable : « Trop longtemps, lui dit-il, tu as cru que l'homme est fait pour le plaisir et les jouissances, et moi je viens te dire qu'après le péché il n'a plus à attendre que l'abnégation et la souffrance. » Comme le monde hésitait à croire, il l'entraîne par son exemple : le voilà qui souffre de la pauvreté, de la faim, du froid, et sa carrière, commencée dans les larmes, se termine par le gibet, par le dernier supplice. Il laisse à tous cette leçon sublime, mais c'est surtout à ses prêtres, modèles du troupeau, qu'il s'adresse quand il dit : « Si quelqu'un veut être mon disciple, qu'il se renonce lui-même, qu'il prenne sa croix et qu'il me suive. » Bientôt, en effet, sur les traces ensanglantées du Sauveur se pressent les apôtres, et, après eux, des millions de martyrs. L'Eglise grandit au milieu des orages, et son influence s'accroît avec ses douleurs.

Etrange mystère ! le Seigneur, voulant communiquer au sacerdoce catholique la force nécessaire pour conquérir les âmes, lui remit en main une croix, signe de contradiction, instrument de mort, et c'est cette croix qui fait toute sa force. Ah ! mes frères, c'est que pour être fort dans les œuvres extérieures, il faut d'abord l'être contre soi-même. C'est en triomphant de ses propres passions que l'on s'essaie à remporter sur le monde les plus éclatantes victoires. Et, du reste, le sacrifice n'est-il pas la condition de toutes les grandes œuvres ? Nommez une seule entreprise grande et féconde dont le sang et les souffrances ne soient le prix : la terre ne livre ses récoltes qu'arrosée du sang et des sueurs de l'homme ; les grandes découvertes demandent de grands courages et de grands périls ; les conquêtes appellent la guerre et la guerre le sang, et les plus beaux trophées, la gloire la plus légitime, se soldent toujours par des larmes ; la famille elle-même ne devient féconde et ne se perpétue que par les souffrances et les cris des mères ;

les âmes ne seront enfantées que par les sacrifices du prêtre, comme le monde n'a été régénéré que par le sang d'un Dieu.

Ces âmes, conquises et régénérées par le sacerdoce, seront gouvernées par lui ; mais s'il faut à cette royauté nouvelle un diadème qui en consacre le prestige, ce diadème portera pour fleurons des épines. Le sacrifice nous fortifie, mais aussi il nous élève en nous purifiant. La loi est générale : l'orgueilleux ne souffre pas sans perdre quelque chose de son orgueil ; l'homme livré aux passions de la chair, sans voir s'éteindre en lui le feu de la concupiscence ; l'avare, sans perdre son attrait pour l'or. Ah ! c'est qu'il y a au fond de la douleur, généreusement acceptée et surtout courageusement embrassée, une vertu qui fait grandir l'âme ; au fond de la douleur il y a la vie, la grâce, l'amour. Et voilà pourquoi le monde a toujours rendu culte et hommage aux grandes infortunes : Homère, vieux, aveugle et malheureux, lui paraît plus grand par son adversité que par ses œuvres ; Bélisaire, mendiant son pain, plus grand au bord du chemin qu'à la tête des armées ; Pie IX, prisonnier dans son palais, plus grand que sur son trône avec la liberté. Le monde appelle héros ceux qui, nés dans l'opulence, se dépouillent de leurs richesses et se condamnent à vivre pauvres ; ceux qui, nés sur les marches d'un trône, en descendent volontairement pour se consacrer au service des pauvres et des malades ; l'Eglise les appelle des saints, s'ils l'ont fait pour Dieu, et les chrétiens initiés aux mystères de la foi reconnaissent, dans la sublimité de ce dévouement, la grandeur et la sublimité de la grâce qui leur fait accomplir ces sacrifices héroïques. Ne vous étonnez donc pas que l'Eglise, jalouse de la force et de la beauté de ce sacerdoce, lui impose le sacrifice des plaisirs de la vie. Le prêtre vivra seul et sans famille, il retranchera de son cœur les attaches terrestres, il abandonnera ce qui fait la passion de la jeunesse, les affections les plus légitimes ; ce qui fait la passion de l'âge mûr, l'ambition et les honneurs ; ce qui fait la passion de la vieillesse, les richesses et les domaines ; c'est à ce prix seulement qu'il apparaîtra à vos regards digne de Dieu et digne de vous.

Tel se montra toujours votre digne et vénéré pasteur. Il a connu les larmes, et ce sont elles qui font aujourd'hui sa gloire. Il a pleuré avec vous, souffrant de toutes vos douleurs. Ah ! de quelles tristesses n'a-t-il pas été le confident ? Il faudrait faire ici l'histoire de chacune de vos familles, puisque la croix les visite tour à tour ; mais, pour ne citer qu'un trait entre mille, les anciens se souviennent, et ils en ont légué le souvenir à leurs fils, de cette année terrible [1] où la main de Dieu semblait s'être appesantie sur vous ;

---

(1) En 1832, le choléra sévit à Cemboing et, dans trois semaines, enleva soixante-quinze personnes sur une population de huit cents habitants. M. l'abbé Jacquel a conservé la lettre suivante, que lui écrivait Mgr le cardinal de Rohan dans ces tristes jours :

« Besançon, 18 juin 1832.

» Ai-je besoin de vous dire, mon cher curé, combien je suis occupé de vous, de vos bons paroissiens, de tout ce que vous souffrez ? J'espère encore que le terrible fléau qui a pénétré jusqu'à vous n'y fera pas de progrès. Mais qui peut l'arrêter, si ce n'est Celui qui l'envoie ? Adorons ses décrets, soumettons-nous à sainte volonté, con-

la maladie cruelle frappait à toutes les portes et comptait dans chaque maison des victimes ; le pasteur, bravant la mort, se faisait tout à tous, offrant à chacun le tribut de son zèle, la force de ses prières, mais aussi la consolation de ses larmes. Il a pleuré sur vous, gémissant de vos infidélités. Ne l'avez-vous pas entendu répéter de cette chaire ces paroles du prophète Isaïe : *Filios enutrivi et exaltavi*, j'avais élevé des fils, ils étaient ma joie et mon orgueil, je les avais nourris du lait le plus pur, je les avais conduits au banquet sacré, où ils avaient reçu le pain qui fait les forts et le vin qui fait germer les vierges ; je les avais soutenus de ma parole, encouragés de mes leçons et de mes exemples. Ils ont couru aux sources empoisonnées ; je les appelle, ils me méconnaissent et me dédaignent : *ipsi autem spreverunt me* [1] ; je les appelle encore, ils me fuient, ils ne croient plus à l'amour. Mais il faut aller plus loin encore, car dans cette fête de famille vous me permettrez de tout dire, ce bon pasteur a gémi parfois des obstacles que vous avez

vaincus, oui, bien convaincus qu'elle n'est jamais que pour notre plus grand bien, mais redoublons de prières et de supplications.

Je vous recommande et vous recommanderai chaque jour au saint Sacrifice. J'y ai déjà bien prié pour ceux de mes enfants qui sont malades et pour ceux que le Seigneur a appelés à lui. Ah ! c'est du fond du cœur que je leur envoie, ainsi qu'à leur pasteur, la bénédiction que vous me demandez dans votre lettre. Priez aussi pour moi ; vos prières sont bien puissantes, vous souffrez !

. . . .

» Adieu, mon bien cher curé, je vous suis uni d'esprit et de cœur.
» Tout à vous,
» A., *Card. Archev. de Besançon.* »

(1) *Isaïe*, I. 2.

suscités à l'exercice de son ministère. Je ne le rappelle qu'en passant; à Dieu ne plaise que je veuille assombrir l'éclat de cette fête en parlant de malentendus et de résistances dont il ne reste plus aujourd'hui qu'un vague et lointain souvenir. Je me trompe, mes frères ; de toutes ces larmes, quelle qu'en soit l'origine, il reste le prestige incontesté de la douleur supportée avec magnanimité, du pardon courageusement demandé et généreusement accordé, du sacrifice offert pour Dieu en honneur et en souvenir du sacerdoce de Jésus crucifié.

III. Jésus-Christ a aimé les âmes et il nous apprend à les aimer à son exemple. Ouvrez le cœur sacré du Sauveur, vous y lirez écrits en lettres d'or ces trois mots : *Da mihi animas* (1), donnez-moi des âmes. Ce cri sortait de sa poitrine, quand il appelait à lui les pécheurs, quand il réunissait autour de lui les enfants, quand il maudissait ceux qui scandalisaient les petits, quand il pleurait sur Jérusalem coupable, quand il rassemblait ses apôtres et les envoyait à la conquête du monde. Donnez-moi des âmes ! ç'a été son dernier mot au sommet du Calvaire. J'ai soif, s'écriait-il, *sitio ;* il avait soif de nos cœurs.

Voilà ses exemples, voici ses enseignements. Tantôt il annonce sa doctrine sous le voile des paraboles : ici, c'est l'histoire du pasteur qui, ayant cent brebis et en ayant perdu une, laissé les quatre-vingt-dix-neuf autres et court dans le désert après celle qui

---

(1) *Genes.*, XIV, 21.

s'est perdue, et lorsqu'il l'a retrouvée, la place sur ses épaules, revient à la maison, assemble ses voisins et leur dit : Réjouissez-vous, parce que j'ai retrouvé ma brebis qui était perdue. Là, c'est le trait touchant de ce père qui va chaque jour sur le chemin attendre son fils ingrat et prodigue, et qui, le recevant enfin, le ramène sous le toit paternel et donne à tous des marques de sa joie et de son allégresse. Tantôt ce sont des menaces que nous lisons dans l'Apocalypse (1). Le Seigneur fait entendre sa voix à saint Jean. Va, lui dit-il, et annonce à l'évêque d'Ephèse que je connais ses œuvres, que je loue son travail et sa patience, mais que je le blâme de s'être relâché de sa charité première ; va et dis à l'évêque de Pergame que sans doute je sais qu'il n'a pas renié sa foi, même en face des persécuteurs, mais que je le blâme de n'avoir pas eu le zèle de rejeter loin de lui et de son peuple ceux qui tiennent pour la doctrine de Balaam ; va et dis à l'évêque de Thyatire que je rends hommage à ses œuvres, mais que je lui reproche de souffrir, parmi son peuple, Jézabel la prophétesse, qui séduit les serviteurs du Très-Haut, en les faisant tomber dans la fornication et leur faisant manger ce qui est sacrifié aux idoles ; va et dis à l'évêque de Sardes que je le regarde comme mort, quoiqu'il se croie vivant, parce qu'il a négligé d'instruire et de raffermir son peuple.

Mais pourquoi m'étendre sur la nécessité de ces devoirs, que pendant de longues années vous avez

---

(1) *Apoc.*, III, 1.

vus si largement accomplis parmi vous? Rappelez vos souvenirs ; le prêtre vénérable que nous fêtons vous a aimés et vous a aimés sans mesure. Il a mêlé à l'affection qu'il doit à Jésus-Christ celle qu'il vous a vouée, et nous pouvons dire que c'est pour Dieu et pour vous qu'il a prié, travaillé et agi sans relâche. S'il se courbe sur ses livres, ce sont vos esprits qu'il veut instruire ; s'il médite aux pieds du crucifix, ce sont vos cœurs qu'il veut former ; s'il parle du haut de la chaire, ce sont vos défauts qu'il veut corriger ; toujours ce sont vos âmes qu'il veut sauver. N'est-ce pas pour vous et vos enfants qu'au prix de mille difficultés il a amené dans la paroisse ces saintes filles (1) qui élèvent la jeunesse, soignent les malades et sont à la hauteur de tous les dévouements ? N'est-ce pas encore par affection pour vous, qu'oubliant la fatigue, et malgré les travaux ordinaires du ministère pastoral, il vous a donné lui-même plusieurs jubilés et vous a fait donner tant de fois les saints exercices des missions, dont il eut, par un rare privilége, le bonheur et le temps de voir germer et se développer les fruits précieux ? N'est-ce pas ce même sentiment de douce paternité qui a dirigé sa conduite, quand d'honorables instances le sollicitaient de quitter cette paroisse pour occuper un poste plus important, et qu'il répondit qu'il demeurait attaché à sa première épouse, qu'il voulait vivre et mourir au milieu de vous, dans ce presbytère qu'il a transformé, au pied de ces arbres

---

(1) Les sœurs de la Charité de Besançon. Elles ont été installées au nombre de trois au mois de novembre 1828.

qu'il a plantés, à l'ombre de ce sanctuaire qu'il a élevé (1)? Je parle de cette église, c'est pour Dieu sans doute qu'il a entrepris d'en faire une magnifique demeure; mais n'est-ce pas pour vous faire apprécier ainsi la grandeur de celui qui l'habite, qu'il a mis son intelligence et son activité à la restaurer d'une façon si complète et à la doter de peintures (2) qui sont une des plus belles pages de l'art religieux dans la province? Et comme si ce pieux pasteur vous dût compte de tous ses instants, ses heures de loisir vous ont encore été consacrées, témoin l'histoire de votre paroisse (3), qui est aujourd'hui dans toutes vos mains. N'avions-nous pas raison de dire qu'après Dieu il n'a rien tant aimé que vos âmes ?

Voilà le prêtre de Jésus-Christ! Il apprend du Sauveur une vérité qui ne passe point, et cette vérité,

---

(1) Le chœur de l'église a été construit entièrement sous l'administration de M. Jacquel; le reste de l'église a été seulement restauré par ses soins.

(2) Les peintures à fresque de la coupole représentent la Vierge entourée, d'un côté, des patriarches et des prophètes de l'Ancien Testament, et de l'autre des saints du Nouveau. Elles sont l'œuvre de M. Ménissier, qui les commença en 1858 et les acheva en 1863.

(3) *Notice historique sur Cemboing et sur la Confrérie de l'Immaculée Conception*, par M. l'abbé JACQUEL, curé de Cemboing. (Besançon, Jacquin, imprimeur, 1866.)

L'auteur, après l'envoi de son travail à Mgr Mathieu, recevait de Son Eminence la lettre suivante :

« Besançon, le 30 octobre 1866.

» Monsieur et très cher Curé,

» Je vous suis extrêmement reconnaissant d'avoir pensé à moi et de m'avoir envoyé votre intéressant ouvrage sur Cemboing. Il est bien, il est digne qu'un curé, attaché à sa paroisse, s'en occupe, cherche ses origines et tout ce qui la distingue; mais il faut conve-

enseignée par sa bouche, devient la lumière de vos intelligences; il accepte la croix du Calvaire, et ce signe, présenté à vos regards par ses mains, devient la force de vos âmes ; il reçoit de son Dieu le baiser de la charité, et ce souffle brûlant transmis par son cœur fait pénétrer dans vos consciences la douceur et la paix. Remontez du prêtre à l'évêque, de l'évêque au souverain pontife, à tous les degrés de la hiérarchie sacerdotale, vous trouverez la même foi, les mêmes vertus, le même amour : ce que nous avons dit du prêtre, disons-le donc de l'Eglise. Avec quelle majesté, quelle autorité, quel prestige, ne nous apparaît-elle pas? Regardez autour de vous ; parmi les puissances de ce monde, l'Eglise demeure presque seule intacte et pure, toujours noble et toujours grande, toujours digne de commander et digne d'être obéie. Ah ! que le blasphème de l'impie ne vienne

nir que vous avez fait tout cela d'une façon merveilleuse. Votre ouvrage servira d'excitation et de modèle à ceux de MM. les curés qui apprécieront comme vous l'importance de ces sortes de travaux.

» Je vous dois de plus cet éloge, qu'imitant le zèle de Népotien, le disciple de saint Jérôme, vous avez à cœur la beauté de la maison de Dieu, et vous avez su la rendre resplendissante chez vous, et par des constructions opportunes, et par une magnifique décoration intérieure, que bien des grandes villes vous envieraient.

» Tout cela est bien, grand, noble; mais ce qui l'est encore plus, c'est que vous soignez d'une manière toute particulière la maison spirituelle des âmes, que vous instruisez avec soin votre peuple et le conduisez à toute espèce de bien et de vertus. Que le divin Maître, pour lequel vous travaillez avec tant de persévérance, de courage et de fruit, soit lui-même votre récompense.

» Recevez, avec ma bénédiction, l'assurance de mon sincère attachement.

» † Césaire, *Card. Archev. de Besançon.* »

jamais porter atteinte à la soumission et au respect que vous devez à votre mère. Peut-être déjà avez-vous entendu ces orateurs perfides qui célèbrent par avance la ruine de l'Eglise. Elle tombera, s'écrient-ils dans leur langage cruel, elle ne résistera pas au torrent qui renverse tous les sceptres et toutes les couronnes. Voyez, déjà son clergé est sans honneur, la voix de ses prêtres n'est plus écoutée, ses offices sont déserts, le monde échappe à son influence, l'Eglise est mourante.

Non, non, l'Eglise ne meurt pas encore, et elle ne mourra jamais. Qui donc, si ce n'est elle, retient ce monde qui marche aux abîmes ? N'avez-vous pas entendu naguère encore la grande voix de Pie IX, tantôt dénonçant à la face de l'univers, étonné de sa hardiesse, les attentats sans nom commis contre Dieu et la société, tantôt revendiquant ses droits de propriété en face de ses spoliateurs eux-mêmes, tantôt consacrant le monde entier au Sacré Cœur de Jésus ? Une puissance qui meurt n'a pas de tels accents. Qui envoie chaque jour, aux contrées les plus reculées, ces missionnaires, ces frères des écoles chrétiennes, ces sœurs de Charité qui vont évangéliser, instruire, soigner, des peuples inconnus ? — Ils partent avec joie, sur un seul signe de l'Eglise ; une puissance qui meurt n'a pas un tel empire. Et vous souvenez-vous des dévouements héroïques de ces jeunes gens qui abandonnaient leur famille pour aller monter la garde aux portes du Vatican, le lendemain luttaient sur les champs de bataille en défendant le domaine de saint Pierre, et, quand tout était perdu à Rome, venaient dans les champs désolés de leur patrie tenir tête à un ennemi victorieux, affirmant toujours que se battre pour la France c'est se battre pour l'Eglise ? Une puissance qui meurt n'a pas un tel prestige. Ah ! c'est à vous encore que je m'adresse aujourd'hui, à vous, mes frères, qui venez rendre à un père chéri les témoignages d'affection qu'il vous a prodigués pendant si longtemps ; à vous, mes vénérés confrères, qui venez assister à l'autel un ami et un frère ; à vous-même, heureux pasteur, qui avez eu l'initiative de cette fête et qui en recueillez toute la douceur : notre présence ici n'est-elle pas une réponse éloquente au blasphème de l'impie ? Non, non, une puissance qui meurt n'a pas de tels attraits.

Et maintenant, mes frères, un dernier conseil et une dernière prière. Entourez votre pasteur des soins les plus tendres et les plus affectueux, consolez et réjouissez sa verte vieillesse et faites-vous toujours honneur de vous dire et de vous montrer ses fidèles enfants. Et vous, mon cher et vénéré confrère, vivez longtemps encore, pour le bonheur de vos paroissiens et pour l'exemple de vos frères dans le sacerdoce. Daigne enfin le Dieu qui a réjoui votre jeunesse, soutenu votre âge mûr, béni votre vieillesse, vous protéger de sa grâce jusqu'au terme de votre carrière, et, quand l'heure sera venue, ouvrir pour vous les portes de la Jérusalem céleste.

Ad multos et felices annos.

BESANÇON, IMPRIMERIE DE J. JACQUIN.

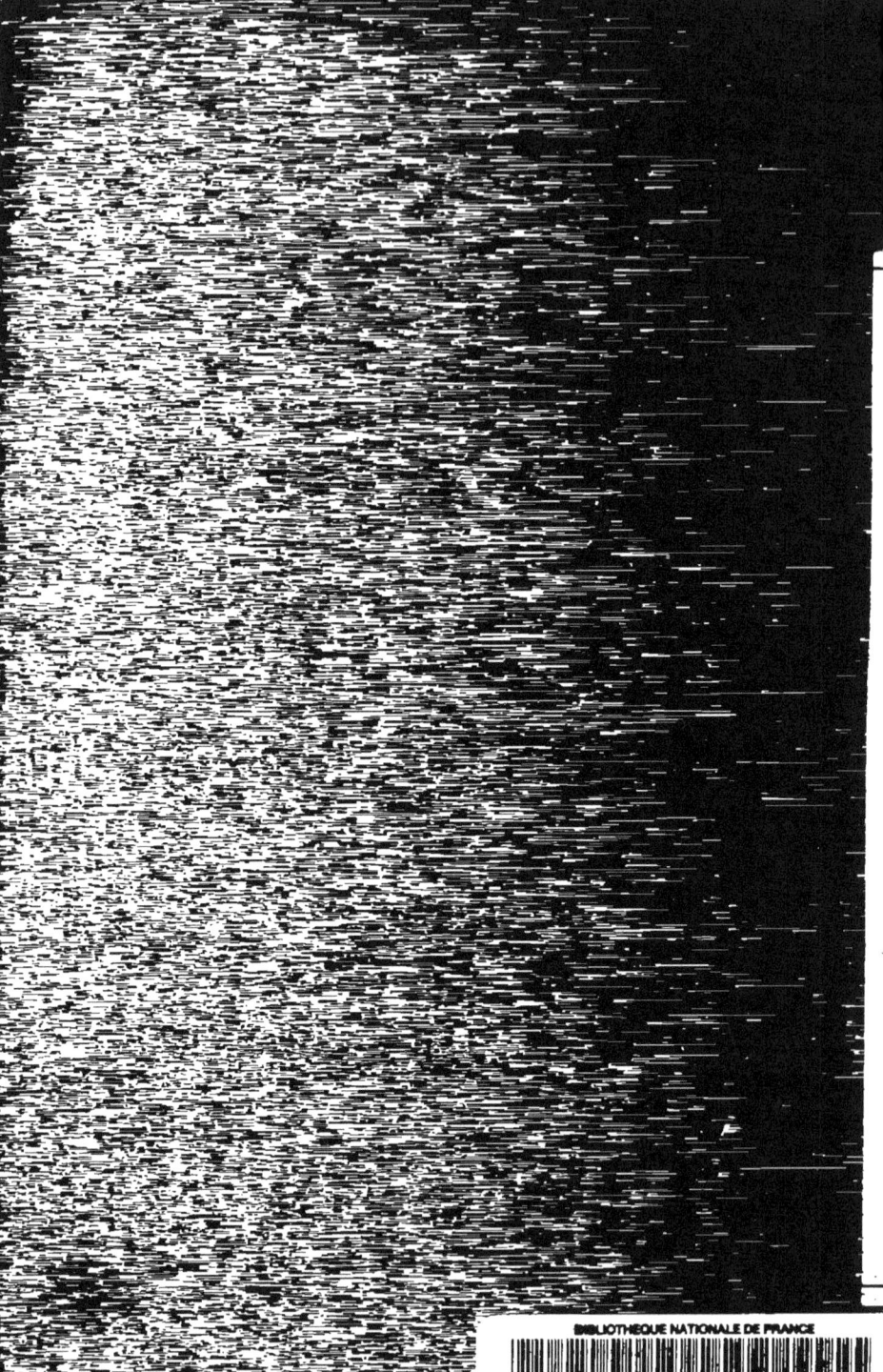

www.ingramcontent.com/pod-product-compliance
Lightning Source LLC
Chambersburg PA
CBHW060715050426
42451CB00010B/1454